BEI GRIN MACHT SICH IHR WISSEN BEZAHLT

- Wir veröffentlichen Ihre Hausarbeit, Bachelor- und Masterarbeit

- Ihr eigenes eBook und Buch - weltweit in allen wichtigen Shops

- Verdienen Sie an jedem Verkauf

Jetzt bei www.GRIN.com hochladen und kostenlos publizieren

Daniel Röthig

Gedichtanalyse zu "Das Karussell" (1906) von Rainer Maria Rilke

GRIN Verlag

Bibliografische Information der Deutschen Nationalbibliothek:

Die Deutsche Bibliothek verzeichnet diese Publikation in der Deutschen National-bibliografie; detaillierte bibliografische Daten sind im Internet über http://dnb.d-nb.de/ abrufbar.

Impressum:

Copyright © 2012 GRIN Verlag GmbH
Druck und Bindung: Books on Demand GmbH, Norderstedt Germany
ISBN: 978-3-656-91746-5

Dieses Buch bei GRIN:

http://www.grin.com/de/e-book/294059/gedichtanalyse-zu-das-karussell-1906-von-rainer-maria-rilke

GRIN - Your knowledge has value

Der GRIN Verlag publiziert seit 1998 wissenschaftliche Arbeiten von Studenten, Hochschullehrern und anderen Akademikern als eBook und gedrucktes Buch. Die Verlagswebsite www.grin.com ist die ideale Plattform zur Veröffentlichung von Hausarbeiten, Abschlussarbeiten, wissenschaftlichen Aufsätzen, Dissertationen und Fachbüchern.

Besuchen Sie uns im Internet:

http://www.grin.com/

http://www.facebook.com/grincom

http://www.twitter.com/grin_com

Gedichtanalyse des Gedichts „Das Karussell" von Rainer Maria Rilke (1906)

Mit einem Dach und seinem Schatten dreht
sich eine kleine Weile der Bestand
von bunten Pferden, alle aus dem Land,
das lange zögert, eh es untergeht
Zwar manche sind an Wagen angespannt,
doch alle haben Mut in ihren Mienen;
ein böser roter Löwe geht mit ihnen
und dann und wann ein weißer Elefant.

Sogar ein Hirsch ist da, ganz wie im Wald,
nur dass er einen Sattel trägt und drüber
ein kleines blaues Mädchen aufgeschnallt.

Und auf dem Löwen reitet weiß ein Junge
und hält sich mit der kleinen heißen Hand
dieweil der Löwe Zähne zeigt und Zunge.

Und dann und wann ein weißer Elefant.

Und auf den Pferden kommen sie vorüber,
auch Mädchen, helle, diesem Pferdesprunge
fast schon entwachsen; mitten in dem Schwunge
schauen sie auf, irgendwohin, herüber -

Und dann und wann ein weißer Elefant.

Und das geht hin und eilt sich, dass es endet,
und kreist und dreht sich nur und hat kein Ziel.
Ein Rot, ein Grün, ein Grau vorbeigesendet,
ein kleines kaum begonnenes Profil -.
Und manchesmal ein Lächeln, hergewendet,
ein seliges, das blendet und verschwendet
an dieses atemlose blinde Spiel...

„Es gibt nichts Wunderbareres und Unbegreiflicheres und nichts, was uns fremder wird und gründlicher verloren geht als die Seele des spielenden Kindes." In seinem Zitat beschreibt Hermann Hesse zwar die Kindheit einerseits als wunderbar und unbegreiflich, jedoch stellt er im zweiten Teil des Zitats auch heraus, dass die Kindheit endlich ist, uns fremd wird und uns die Seele des spielenden Kindes schließlich ganz verloren geht. Dem Verlust der Kindheit und der oft später einsetzenden Sehnsucht der Erwachsenen nach jener, widmet sich auch der Lyriker Rainer Maria Rilke in seinem 1906 erschienen Gedicht „Das Karussell". Darin betrachtet das lyrische Ich eine Karussellfahrt und schildert den Lesern seine Impressionen und Wahrnehmungen.

Das Gedicht zählt zu den bekanntesten lyrischen Werken Rilkes und gilt auch als Paradebeispiel für den Typus des Dinggedichts, bei dem das lyrische Ich in den Hintergrund tritt und dafür die Darstellung eines bestimmten Gegenstandes im Vordergrund steht. Dabei soll das „Ding" so beschrieben werden, als spräche es über sich selbst. Das Innerste dieses Gegenstandes soll dabei zum Vorschein kommen und, oft auch symbolisch, ausgedrückt werden. Dieser Gegenstand ist im vorliegenden Gedicht, wie der Name des Werkes schon verrät, das Karussell. Jenes soll dabei die Kindheit symbolisieren, da sowohl eine Karussellfahrt in den Augen der Kinder, als auch die Kindheit aus der Sicht eines Erwachsenen viel zu schnell vergeht.

Das Gedicht umfasst insgesamt sieben unterschiedlich lange Abschnitte, wobei die erste Strophe aus acht Versen und die zweite und dritte Strophe aus jeweils drei Versen besteht. Auf die vierte Strophe, einem Einzeiler, folgt Strophe fünf, die sich aus vier Versen zusammensetzt. Nach dem sechsten Abschnitt, der erneut ein Einzeiler ist, endet das Gedicht mit einer aus sieben Versen bestehenden siebten Strophe.

Im ersten Teil seines Werkes beschreibt Rilke das Karussell als Ganzes, wobei das lyrische Ich zuerst Pferde erkennen kann (vgl. V.3), denen „ein böser roter Löwe" (V.7) „und dann und wann ein weißer Elefant" (V.8) folgen. Auffällig dabei ist, dass das lyrische Subjekt viele Einzelheiten wahrnimmt. So fällt ihm beispielsweise auf, dass die Tiere Mut in ihren Mienen haben (vgl. V.6). Diese detaillierte Beobachtung, hervorgehoben durch eine Alliteration, deutet auf ein Anfahren bzw. eine sehr langsame Geschwindigkeit des Karussells hin.

In der zweiten Strophe erkennt der lyrische Sprecher einen Hirsch, auf dem „ein kleines blaues Mädchen" (V.11) sitzt. Auch hier erkennt er viele Details, nämlich ein kleines Mädchen, sowie die Farbe blau. Doch Gesichtszüge beschreibt das lyrische Ich nicht mehr bzw. kann das lyrische Ich nicht mehr beschreiben, woraus sich schließen lässt, dass das Karussell schneller wird.

In den Versen 12-14 erkennt das lyrische Subjekt dann einen weißen Jungen, der auf dem Löwen Platz genommen hat. Schaut man sich hier den Satzbau von „reitet weiß ein Junge" an, so ist auffällig, dass die Farbe Weiß vom lyrischen Sprecher noch vor „ein Junge" (V.12) wahrgenommen wird. Daraus könnte man schließen, dass das Karussell inzwischen so schnell geworden ist, dass es schwierig festzustellen, ob es sich um ein Mädchen oder um einen Jungen handelt. Die Farbe Weiß scheint hier einfacher erkennbar zu sein. Doch trotz allem erkennt das lyrische Ich erneut genaue Details und zwar, dass „der Löwe Zähne zeigt und Zunge". Diese Aussage weist darauf hin, dass genaue Details vom lyrischen Sprecher noch teilweise wahrgenommen werden können.
Im ersten Einzeiler des Gedichts taucht der weise Elefant aus Vers acht erneut auf. Daraus lässt sich schließen, dass sich das Karussell um eine Runde gedreht hat.

In Strophe fünf erblickt das lyrische Ich schließlich Mädchen, die diesem Pferdesprunge eigentlich schon entwachsen sind (vgl. V.17+18), also eigentlich schon zu alt dafür sind Karussell zu fahren. Jene „schauen [...] auf, irgendwohin, herüber" (V.19). Diese Aussage könnte andeuten, dass ihre Blicke niemanden erreichen, sie gehen also ins Leere. Das Karussell ist erneut schneller geworden, denn es ist nur noch der ungefähre Farbton erkennbar, nämlich dass es sich um eine helle Farbgebung handelt. Außerdem beobachtet der lyrische Sprecher jetzt eine Gruppe von Mädchen, da sich einzelne Personen nicht mehr beschreiben lassen.

Im sechsten Absatz, dem zweiten Einzeiler des Gedichts, scheint sich das Karussell erneut um eine komplette Runde gedreht zu haben, denn wieder fällt dem lyrischen Subjekt der weiße Elefant aus der ersten Strophe ins Auge. Hier findet sich erneut ein Indiz dafür, dass das Karussell inzwischen weiter beschleunigt hat. Liegen zwischen dem ersten und dem zweiten Auftauchen des Elefanten noch sechs Verse, so benötigt der Elefant für sein drittes Auftauchen im Gedicht nur noch vier Verse. Das Karussell benötigt also immer weniger Zeit, um sich um eine komplette Runde zu drehen. Dadurch wird jedoch zugleich auch schon das Ende der Karussellfahrt angedeutet. Bewegt sich das Karussell anfangs noch sehr langsam, so „fliegt" die Zeit am Ende des Gedichts nur noch vorbei, bis die Fahrt auf dem Karussell plötzlich abrupt endet.

In der letzten Strophe widmet sich der lyrische Sprecher erneut dem Karussell als Ganzes. Zunächst wird beschrieben, dass es sich immer weiter und schneller dreht, jedoch „kein Ziel" (V.22) hat. Zunächst scheint das Karussell zu diesem Zeitpunkt die Höchstgeschwindigkeit erreicht zu haben, da das lyrische Subjekt nur noch „Ein Rot, ein Grün, ein Grau vorbeigesendet, ein kleines kaum begonnenes Profil" (V.23+24) erkennen kann. Am Ende der Strophe scheint die Karussellfahrt dann jedoch allmählich zu enden. Die Aussage „Und manchesmal ein Lächeln, hergewendet, ein seliges, das blendet und verschwendet" (V.25+26) enthält wieder einige Details; der Beobachter spricht sogar von einem seligen Lächeln, welches man bei voller Fahrt nicht beschreiben könnte. Zunächst geht man also davon aus, dass sich das Karussell immer weiter und weiter dreht, was symbolisch den Gedanken widerspiegelt, dass die Kindheit nie aufhören würde. Jedoch tritt genau dieser Fall am Ende doch ein: Die Karussellfahrt ist zu Ende, sogar schneller als man denkt. Übertragen auf die Kindheit heißt das, dass diese Zeit, vor allem für die Erwachsenen im Nachhinein, eine Zeit ist, die viel zu schnell vergangen ist.

Auch sprachlich lassen sich die Geschwindigkeitsänderungen des Karussells und die symbolische Bedeutung des Karussells, welches für die Kindheit steht, gut nachvollziehen.

Ein erster Aspekt, der die Karussellfahrt so anschaulich versprachlicht, ist das Sprachtempo. Während in der ersten Strophe fast ausschließlich Wörter mit gedehnten Vokalen auftauchen, wie zum Beispiel „dreht" (V.1), „Wagen" (V.5), „Mienen" (V.6) oder „böser roter Löwe" (V.7), findet man am Anfang der letzten Strophe häufig einsilbige Wörter vor, beispielsweise „Und das geht hin und eilt sich, dass es endet" (V.21) oder „Ein Rot, ein Grün, ein Grau vorbeigesendet" (V.23). Dadurch wird zu Beginn des lyrischen Werkes ein sehr stockender Lesefluss erzeugt, der dadurch das stockende Anfahren des Karussells ausdrücken soll. Am Ende des Gedichts, also am Anfang der siebten Abschnitts, erreicht sowohl der Lesefluss als auch das Karussell selbst Höchst-geschwindigkeit. Jedoch ändert sich die Situation erneut, nämlich als die Karussellfahrt endet. Denn die Einsilbigkeit vieler Wörter bleibt am Ende der siebten Strophe nicht bestehen. Die letzten Worte des Gedichts, d.h. das „atemlose blinde Spiel" (V.27), bremst den Lesefluss wieder enorm; das Gedicht sowie die Karussellfahrt neigen sich dem Ende zu. Da auf das Maximum des Leseflusses plötzlich ein Minimum am Ende des Gedichts folgt, mag jenes Ende für den Leser etwas plötzlich kommen. Dies könnte auch das Ziel des Lyrikers Rilke gewesen sein: So plötzlich und abrupt wie eine Karussellfahrt für die Kinder endet, so just und unerwartet endet auch das Gedicht für den Leser. Somit wäre erneut eine Parallele zwischen dem Gedicht und „dem Ding", also dem Karussell als Symbol für die Kindheit, hergestellt.

Des Weiteren sollen auch einige sprachlich-stilistische Mittel die scheinbar endlose Kreis-bewegung des Karussells verdeutlichen.

So wurde das Gedicht zwar überwiegend im Zeilenstil verfasst, jedoch kann man an insgesamt sechs Stellen des lyrischen Werkes Enjambements vorfinden (vgl. V.17+18). Hier endet also der Sinnabschnitt nicht am Ende des Verses, sondern wird in der nächsten Zeile fortgesetzt. Dies erzielt den Effekt, dass das Gedicht beim Lesen flüssiger wirkt, da ein fließender Übergang zum nächsten Vers gegeben ist. Diese Veränderung des Leseflusses könnte auch auf die Kreisbewegung des Karussells hindeuten. Eine weitere Auffälligkeit des Gedichts ist die häufige Verwendung von „und", welches häufig auch als Anapher vorkommt, wie zum Beispiel bei: „Und das geht hin und eilt sich, dass es endet, und kreist und dreht sich nur und hat kein Ziel." (V.21+22). Was zunächst als einfache Aneinanderreihung der Beobachtungen des lyrischen Sprechers beginnt, entwickelt sich am Ende des Gedichts zu einem bunten Mosaik aus Farben, Gesichtszügen und Impressionen während einer Karussellfahrt. Ebenfalls deuten die zahlreichen und vielseitigen Beobachtungen, die das lyrische Subjekt erwähnt, auf ein schnelles Kreisen des Karussells hin. Eine weitere Besonderheit, welche die scheinbar endlose Kreisbewegung der Attraktion unterstützt, stellen die drei Punkte am Ende des Gedichts dar. Sie drücken aus, dass sich die Drehbewegung des Karussells wohl immer weiter fortsetzen wird.

Zusätzlich entsteht bei näherer Betrachtung des Gedichts der Eindruck, dass das lyrische Ich, welches die Generation der Erwachsenen vertritt, und die Kinder auf dem Karussell mehr trennt als nur die Distanz zwischen dem Karussell und der Position des Betrachters. Um diesen Eindruck entstehen zu lassen, bediente sich der Lyriker Rilke ebenfalls spezieller Stilmittel. Besondere Bedeutung kommt dabei unter anderem dem Vers „schauen sie auf, irgendwohin, herüber -" (V.19) zu. Hier soll durch den Gedankenstrich verdeutlicht werden, dass die Blicke der Karussellinsassen, die an außenstehende Personen gerichtet sind, ins Leere gehen. Die Blicke gehen „irgendwohin, herüber -" (V.19), erreichen ihr Ziel aber nicht. Der Gedankenstrich symbolisiert dabei, dass das eben Wahrgenommene nicht mehr zu erkennen ist. Eben glaubt das lyrische Subjekt noch einen Blick der Kinder erkannt zu haben, jedoch verschwindet diese Impression sofort wieder. Auch in der siebten Strophe hat der lyrische Sprecher eben noch „ein Rot, ein Grün, ein Grau" (V. 23), sowie „ein kleines kaum begonnenes Profil -" (V.24) entdeckt, doch das Karussell befindet sich gerade in voller Fahrt, weswegen jenes eben erblickte Profil verschwunden ist, bevor das lyrische Ich Genaueres schildern konnte.

Ein anderer Beleg dafür, dass Beobachter und Karussellinsassen mehr trennt als nur ihr lokale Position findet sich in den Versen „ alle aus dem Land, das lange zögert, eh es untergeht" (V.3+4) und „an dieses atemlose blinde Spiel..." (V.27). Durch diese beiden Metaphern wird ausgedrückt, dass sich die Kinder in ihrem eigenen „Land" (V.3) bzw. „Spiel" (V.27) befinden. Im übertragenen Sinne leben sie also in einer Art Scheinwelt. Zusätzlich deutet die erste Metapher darauf hin, dass die Kindheit ein Prozess von langer Dauer ist und „lange zögert, eh [...] [sie] untergeht" (V.4). Damit ist gemeint, dass die Kindheit eigentlich sehr lange besteht, doch trotz allem zerbrechlich und vergänglich ist.

Außerdem merkt man deutlich, dass sich das lyrische Subjekt nicht mit den Kindern identifizieren kann, da er, um jenes Spiel zu beschreiben, sehr negative Wörter wie „blendet und verschwendet" (V.26) wählt. Die Kinder widmen sich also ganz ihrem „Spiel", welches sie „blendet" (V.26) und sie damit „blind" (V.27) macht, sie in ihrer eigenen Welt leben lässt.

Der Beweis dafür, dass die Karussellfahrt für Kinder etwas ganz Besonderes darstellt, ist die kleine heiße Hand des Jungen (vgl. V.13) in der dritten Strophe. Der Vergleich in der zweiten Strophe „Sogar ein Hirsch ist da, ganz wie im Wald" (V.8) stellt zwar eigentlich klar, dass der Hirsch auf dem Karussell kein echtes, lebendes Tier aus dem Wald ist, doch trotzdem schwitzen die Hände des Jungen vor Aufregung. Vielleicht ist er der Meinung, dass die Tiere auf dem Karussell echt seien, doch einen Textbeleg gibt es dafür nicht.

Auch formale Auffälligkeiten des Gedichts lassen sich mit den bisherigen Ergebnissen in Einklang bringen.

Betrachtet man beispielsweise das durchgängige Metrum des Gedichts, einen fünfhebigen Jambus, so könnte dieser ebenfalls das sich scheinbar ewig drehende Karussell widerspiegeln. Der einerseits leichte und gleitende, andererseits aber auch dynamische und belebende Charakter des Metrums, stellt dabei den Grundrhythmus der sich bewegenden Attraktion dar und gibt somit auch die Geschwindigkeitsänderung des Karussells wieder.

Finden zu Beginn des Gedichts noch überwiegend männliche Kadenzen Verwendung, d.h. der Vers endet mit einer betonten Silbe, so hat Rilke zum Schluss fast ausschließlich weibliche Kadenzen eingesetzt, bei denen der Vers mit einer unbetonten Silbe endet. Dabei besteht ein Vers mit einer männlichen Kadenz aus 10 Silben bzw. weiblich kadenzierte Verse aus 11 Silben. Dieser Wechsel verdeutlicht unter anderem ebenfalls die Veränderung des Karussells und seiner Insassen im Laufe des Gedichts.

Das Reimschema des Gedichts ist hingegen äußerst komplex aufgebaut und folgt keiner festen Regelmäßigkeit. Mit zwei umarmenden Reimen in der ersten Strophe beginnt das Gedicht noch relativ simpel (abbabccb). Abschnitt zwei (ded) und drei (fbf) umfassen je drei Verse, wobei jeweils der mittlere von zwei sich reimenden Versen umgeben wird. Auf Strophe vier (b), einem Einzeiler, folgt in der fünften Strophe erneut ein solch umarmender Reim (effe). Nach dem zweiten Einzeiler im sechsten Abschnitt des Gedichts (b) endet jenes mit dem Reimschema ghghggh. Dabei dient der mittlere Vers der letzten Strophe sowohl als Ende des Kreuzreims (ghg**h**), als auch als Anfang des umarmenden Reims (**h**ggh). Überwiegend kommen also Kreuz- und umarmende Reime zum Einsatz, jedoch gibt es keine festen Regeln bezüglich den verwendeten Reimen. Eine Interpretations-möglichkeit wäre, dass auch die Kindheit, ähnlich wie das Reimschema im vorliegenden Gedicht, keinen festen Ablauf, kein festgelegtes Schema hat, nach dem sie abläuft, sondern ein individueller Prozess ist.

Außerdem verwendet der Autor des Gedichts teilweise Binnenreime, um die Wichtigkeit des jeweiligen Verses hervorzuheben. So reimen sich beispielsweise „dann und wann" (V.8) und drücken somit die Wichtigkeit des weißen Elefanten aus. An anderer Stelle „blendet und verschwendet" (V.26) das Spiel der Kinder; ebenfalls ein sehr wichtiger Vers im Gedicht. Die Binnenreime im vorliegenden Gedicht verstärken also die Wirkung einzelner Verse.

Zusammenfassend lässt sich also meine Deutungshypothese, dass im vorliegenden Gedicht die Vergänglichkeit der Kindheit in Form einer Karussellfahrt thematisiert wird, bestätigen, wobei eine Einheit von Inhalt, Sprache und Form feststellbar ist.

Rainer Maria Rilke reiht hier viele verschiedene Impressionen aneinander, die das lyrische Subjekt während einer Karussellfahrt beobachten kann. Durch die Bewegung des Karussells verwischen diese Eindrücke des lyrischen Ichs jedoch häufig. Zusätzlich sind die Beschreibungen des lyrischen Ichs sehr auf Farben und Details fixiert. Doch bei diesen Impressionen bleibt es nicht: Viele Symbole, wie z.B. das Karussell als Hauptsymbol für die Kindheit stehend, wurden ebenfalls in das Gedicht eingeflochten. Ein anderes Beispiel für weitere Symbole stellen die „fast schon entwachsen[en]" (V.18) Mädchen dar, die sich zwischen der Welt der Erwachsenen und der Kindheit befinden. Zusätzlich tritt der lyrische Sprecher komplett hinter die beschriebenen Symbole und wird als Person zu keinem Zeitpunkt greifbar.

Das Gedicht weist zwar deutliche Merkmale impressionistischer Lyrik auf, jedoch ist das Gedicht mehr als eine bloße Aneinanderreihung optischer Eindrücke. Somit lässt sich das Gedicht eindeutig in die Epoche des Symbolismus einordnen.

Auch der bekannte Sänger Peter Maffay hat das Thema „Erwachsen werden" und „Kindheit" in seinem 1993 erschienenen Lied „Nessaja" verwirklicht. Darin spricht er aus, was auch heute noch viele Erwachsene bedrückt und traurig macht, nämlich die Erinnerung an ihre inzwischen verloren gegangene Kindheit. In seinem Lied heißt es: „Irgendwo tief in mir bin ich ein Kind geblieben. Erst dann, wenn ich`s nicht mehr spüren kann, weiß ich, es ist für mich zu spät." Dieses Lied rührte damals, und rührt auch noch heute, viele Erwachsene zu Tränen, da ihnen erst durch diese Zeilen klar wird, wie fröhlich, frei und glücklich sie doch in ihrer Kindheit, ganz im Vergleich zu heute, waren. Noch immer trauern sie ihrer Kindheit nach, weshalb das Hauptthema des Gedichts auch heutzutage nichts an Aktualität eingebüßt hat.

Quelle des Gedichts: http://de.wikipedia.org/wiki/Das_Karussell